AF332131

BIBLIOTHÈQUES

AMBULANTES,

EN

ÉCOSSE.

PARIS

LIBRAIRIE DE J. J. RISLER,

RUE DE L'ORATOIRE N° 6.

1836.

AVIS.

En donnant aujourd'hui de la publicité aux efforts de quelques Ecossais pour répandre l'instruction parmi toute la population de leur pays, d'après un plan nouveau, notre but est surtout d'attirer l'attention des personnes bienfaisantes et éclairées, sur le principe de leur ingénieux système. Non que nous prétendions que les mêmes opérations et les mêmes calculs puissent s'appliquer à des pays dont la situation physique et morale est souvent essentiellement différente; mais nous croyons qu'il en est beaucoup où rien n'empêcherait qu'on n'adoptât, du moins sur une petite échelle, la marche indiquée, et qu'il y a même peu de localités où l'on ne pût profiter de quelques-unes des idées renfermées dans les pages suivantes.

M. W.

BIBLIOTHÈQUES AMBULANTES.

Le projet des bibliothèques ambulantes prit naissance il y a quelques années dans le comté d'Haddington en Écosse, et eut tout d'abord un succès remarquable. Il avait pour but de procurer à toutes les villes et villages du comté des bibliothèques composées de livres utiles, et de les distribuer de manière que personne n'en fût éloigné de plus d'une demi-lieue.

Pour fournir ainsi de livres la population entière d'Haddington, il fallait environ 60 bibliothèques de 50 volumes chacune. On a commencé par 5 ou 250 volumes, et il y en a déjà 40 d'établies, tant à Haddington que dans les principales villes et villages du comté; et c'est principalement à une seule personne, avec des moyens très bornés comparativement, qu'on est redevable de ce premier établissement. Cette expérience est très importante, car puisqu'on a pu fournir de bibliothèques tout un comté, on pourrait de même en procurer à tout un royaume; et qui empêcherait d'en établir sur tous les points du globe où se trouve une population en état de lire?

Quoique la religion soit le principal objet des bibliothèques d'Haddington et qu'elles se composent en grande partie de livres de piété et de morale, cependant on y trouve aussi, dans une proportion assez considérable, des ouvrages d'histoire, de biographie, des voyages, et notamment des ouvrages populaires et des manuels d'arts et de sciences, ce qui n'a pas peu contribué à la popularité de l'institution; et il est à remarquer que le nombre des ouvrages religieux qui ont été lus a considérablement augmenté.

Le nom d'*ambulantes* donné à ces bibliothèques en indique le principal avantage et le caractère essentiel. Elles se composent de 5o volumes. On en installe une pour 2 ans dans une localité où les livres sont prêtés à toute personne âgée de plus de douze ans, et sur le soin de qui l'on peut raisonnablement compter. Au bout de ces deux années, on transporte cette bibliothèque dans une autre ville ou village; un nouvel assortiment de livres remplace le premier, et ce renouvellement continue ainsi tous les deux ans. On établit par ce roulement une succession continuelle de livres nouveaux qui entretient et réveille sans cesse l'intérêt du lecteur. Il est généralement reconnu que les bibliothèques permanentes des petites villes cessent ordinairement, au bout de quelques années, d'exciter l'attention, que les moyens d'achat diminuent, et qu'en conséquence les nouveaux livres qu'on y met de loin en loin sont en trop petit nombre pour piquer la curiosité des lecteurs; de sorte que la plupart des volumes gisent dans la poussière des tablettes sans être demandés.

Les calculs qui suivent paraîtront étonnants aux personnes qui ont eu occasion de connaître le nombre des livres demandés dans les bibliothèques stationnaires, dans le cours de plusieurs années. Le prêt des nouveaux livres aux souscripteurs d'Haddington, pour les deux premières années, monte à huit fois par an, terme moyen, pour chaque volume, et les prêts gratuits à sept fois; et pour les livres de tout l'établissement, qui contient aujourd'hui plus de 2,000 volumes, le prêt a été de cinq fois pour chaque volume, ce qui fait en totalité 10,000 prêts. En supposant le même nombre de volumes distribués en autant de bibliothèques stationnaires, il est fort douteux que les prêts se fussent élevés seulement à mille par an. En effet la circulation régulière des bibliothèques et l'introduction de nouveaux livres ont donné une telle impulsion à la curiosité et au désir de lire que, dans plusieurs endroits, pendant la saison de l'hiver, tous les livres se sont trouvés prêtés à la fois et sans qu'il restât un seul volume sur les tablettes.

On a pensé avec raison qu'il valait mieux installer une bibliothèque dans le même endroit pour deux ans, que pour un intervalle plus court; en effet, la première année on commence par demander les livres les plus amusants; et il en résulte que si on renouvelait une bibliothèque chaque année, on ne lirait guère que ce genre d'ouvrages, tandis qu'en deux ans les habitués ont le temps de lire aussi des ouvrages plus solides et plus utiles. D'un autre côté il serait peut-être tout aussi peu judicieux de garder plus de deux ans la même collection de livres dans le même lieu. Quoique le nombre de livres demandés, dans le cours de la seconde année, soit quelquefois égal, ou à peu près, à celui de la première, il est plus que probable qu'il y a diminution, et que cette diminution se ferait sentir bien davantage encore dans une troisième année; tandis qu'au renouvellement de la bibliothèque, le nombre des demandes s'élève tout d'un coup au niveau de celles de la première année, et même le dépasse assez souvent.

Un autre avantage non moins précieux de ce système, c'est le bon marché. Lorsqu'on se propose de procurer une bibliothèque, non pas à une seule ville ou à un seul village, mais à un pays tout entier, le bon marché devient un point essentiel. Une seule bibliothèque de 5o volumes avec les boîtes ou armoires, les catalogues et autres accessoires, ne coûtera que de 10 à 12 liv. sterl. Mais ces frais dépendent d'ailleurs du genre de livres et de leur plus ou moins d'ancienneté.

En prenant 10 liv. sterl. pour terme moyen, voici le nombre de bibliothèques qui pourraient être établies et ce qu'elles coûteraient :

1 bibliothèque pour un village. Liv. sterl. 10.
5 pour un district. . . . . . 5o.
5o pour un comté . . . . . . 5oo.

En supposant que les livres de ces bibliothèques soient tous prêtés, suivant la proportion indiquée ci-dessus, cinq fois dans l'année, il en résulte qu'en vingt ans, durée probable d'une bibliothèque, chaque volume aura été lu cent fois, et à 5o volumes par bibliothèque cela donne 5ooo sorties pour chacun, ou 25o,ooo pour les cinquante bibliothèques.

Assurément il est permis de douter qu'on pût, par des moyens quelconques, faire autant de bien à si peu de frais.

Un des caractères les plus remarquables de ces bibliothèques, c'est de renfermer en elles-mêmes le principe de leur reproduction, et parmi tous les systèmes de bienfaisance, il en est fort peu qui aient cet avantage; il est rare du moins qu'il soit assez considérable pour qu'on en tienne grand compte. Dans l'origine de ces bibliothèques, tous les livres étaient prêtés gratuitement; seulement on plaçait dans chaque bibliothèque une petite boîte qui donnait aux lecteurs la facilité de laisser telle offrande qu'ils jugeaient à propos. Mais depuis quelques années l'usage s'est établi à Haddington de réserver exclusivement les *nouveaux* livres aux personnes qui déposaient une modique souscription annuelle, et cette mesure a eu le plus grand succès. Avant qu'on l'eût adoptée, il y avait, il est vrai, quelques souscriptions, mais leur nombre n'avait jamais dépassé le chiffre de 8; depuis lors, et dans le cours des neuf premières années, il s'est élevé à celui de 163, et l'on verra par la série suivante quelle progression a suivi cet accroissement.

Souscripteurs en 1821—8; en 1822—64; en 1826—110; en 1827—54; en 1825—99; en 1823—61; en 1824—135; en 1828—145; en 1829—163.

En raison de trois dépôts pour les nouveaux livres, qui existent dans trois différentes villes, on s'est vu en état de fournir aux souscripteurs un plus grand nombre de nouveautés, par le moyen d'un échange mutuel établi entre ces trois stations, ce qui ne serait guère praticable, si les livres étaient placés dans une seule et même ville. Ces souscriptions procurent aussi, du moins en partie, le moyen d'acheter de nouveaux livres pour l'année suivante. Dans le cours de l'année 1829, les souscriptions et les dons, pour ces trois villes, s'élevaient à 40 liv. sterl., et les dons des lecteurs à qui on prêtait les livres gratis, à 7 liv. sterl., en tout 47 liv. sterl.

Jusqu'ici les livres avaient été prêtés gratuitement par les bibliothèques qui ne recevaient pas les livres nouveaux; mais comme le goût de la lecture est aujourd'hui beaucoup plus général, on se propose de faire payer dorénavant un *penny* (deux sous) par volume, pendant la première année; et comme une souscription, quelque faible qu'elle fût, pouvait nuire au succès de cet établissement, et qu'il importe que les livres soient à la portée de tout le monde, et surtout de la jeunesse, pour lui donner le goût et l'habitude de la lecture et de la réflexion, on continuera à prêter gratuitement les livres pendant la seconde année. Par suite de cette combinaison, et aussi au moyen de la petite souscription de 5 schellings exigée de ceux qui voudront se procurer les nouveaux ouvrages, on peut espérer que chaque bibliothèque produira, terme moyen, 25 schellings par an, ce qui, par l'augmentation progressive et continuelle du nombre des bibliothèques, formera une ressource permanente pour l'avenir.

S'il se formait à Londres une société de bibliothèques ambulantes britannique et étrangère, et que cette société parvînt à se faire un fonds annuel de **5**,000 livres sterl. pour achat et entretien, il y aurait de quoi couvrir en peu de temps l'Europe entière de ces utiles établissements, en les composant de 50 volumes chacun, et en les louant, avec les boîtes ou armoires nécessaires, 25 schellings par an, arrangement auquel consentiraient volontiers nombre de personnes, attendu qu'il leur serait facile de rentrer dans cette avance par le prêt des livres; ou bien en adoptant la combinaison indiquée ci-dessus, on pourrait facilement, dans la plupart des localités, réunir cette somme de 25 schellings.

Un calcul fait avec soin prouve qu'en prenant pour point de départ les 5,000 liv. sterl. de fonds annuel, combinés avec les 25 schellings, produit annuel supposé de chaque bibliothèque, au bout de 25 ans le fonds total de l'institution s'elèverait à 80,828 liv. sterl., et le nombre des bibliothèques à 67,945.

L'expérience a prouvé qu'une bibliothèque peut durer vingt ans; aussi faudra-t-il, après vingt ans, pour l'exactitude du calcul dont nous venons de parler, déduire chaque année le nombre des bibliothèques hors de service.

Au moyen donc de cette modique somme de 25 schellings par an, terme moyen, que pourrait rendre chaque bibliothèque, 67,945 bibliothèques se trouveraient établies au bout de vingt-cinq ans, au lieu de 12,500, si le prêt des livres était gratuit. Et si, au lieu de 25 schellings, on parvenait à en réunir 30, il ne faudrait que cette légère augmentation pour fournir 11,089 bibliothèques de plus; en tout 79,034 bibliothèques.

En poussant ce calcul plus loin, on trouvera que, dans une cinquantaine d'années, le nombre des bibliothèques établies par ces faibles moyens s'élèvera à 990,152, ou à 1,158,182, suivant qu'on prendra pour base 25 ou 30 schellings.

Ainsi, en supposant la population du globe de six cents millions d'individus, en cinquante ans, les bibliothèques se seront multipliées au point qu'il y en aura une pour 600 habitants.

Mais si, au lieu de 5,000 liv. sterl. par an, on peut en appliquer 10,000 à ce vaste plan d'instruction, à la fin d'un demi-siècle, il y aura une bibliothèque pour 300 habitants, en supposant que chaque idiome ait une écriture, et qu'il n'y ait pas sur la terre un seul individu qui ne sache lire.

Une autre considération tend encore à prouver combien il serait important de faire marcher ce système sur une grande échelle; ce sont les avantages qui en résulteraient, même dans les commencements; il serait possible alors de se procurer les livres presque au prix de fabrique; mais après quelques années, la Société se trouverait en état d'imprimer elle-même pour ses propres besoins, et en définitive les éditions se multiplieraient tellement qu'on pourrait réduire à une somme très minime le prix de chaque exemplaire. Certains ouvrages pourraient être très souvent demandés dans la même langue; en pareil cas, il y aurait de l'avantage à les stéréotyper, et à n'en tirer d'année en année que le nombre nécessaire; ce serait encore là un moyen d'en réduire le prix à très peu de chose, et peut-être au bout de cinquante ans, ce prix ne serait pas le quart de ce qu'il aurait été dans l'origine de l'institution. Si le prix des livres se trouvait réduit de moitié, on pourrait, à partir de cette époque, presque doubler le nombre des bibliothèques. Si l'on ne jugeait pas à propos de multiplier les bibliothèques dans une progression si rapide, il serait du moins indispensable d'augmenter le nombre des volumes de celles qui seraient établies, à mesure que les progrès de l'intelligence des lecteurs en feraient sentir le besoin et la convenance.

Il est évident, toutefois, qu'une œuvre de cette nature ne pourrait marcher sans quelques frais, et si, dès le commencement surtout, on l'organisait sur une grande échelle, il est certain qu'elle ne pourrait être dirigée ni administrée par une agence purement gratuite. Mais un agent intelligent aurait bientôt regagné ce qui lui serait alloué, dans les opérations de son agence; après quelques années cependant, et à mesure que l'institution prendrait un plus grand développement, il deviendrait également indispensable d'étendre l'agence; mais dans tous les cas les frais seraient toujours au-dessous des produits.

A cet égard, il n'est pas inutile de faire mention ici du désintéressement des bibliothécaires du comté d'Haddington, où l'institution a fait ses premiers essais; aucun n'a voulu entendre parler de rétribution, et tout nous porte à espérer que dans beaucoup des localités on ne manquera pas de trouver des personnes également disposées à donner gratuitement leurs soins à une agence qui a pour but l'intérêt moral et intellectuel de toute une population, et qui d'ailleurs n'exigera ni beaucoup de peine, ni beaucoup de temps.

Mais comme ce sont précisément et l'immense développement auquel une institution de ce genre peut arriver, et l'étendue proportionnelle de l'agence qu'exigerait cet état de choses, qui pourraient être aux yeux de quelques personnes un obstacle à ses succès, nous allons voir quels en seraient les résultats, dans son application à la Grande-Bretagne, à la France et aux États-Unis d'Amérique.

Pour la Grande-Bretagne et l'Irlande , c'est-à-dire pour une population de 20,000,000 d'individus, il ne faudrait pas plus de 20 ans pour qu'il y eût une bibliothèque pour 524 habitants, et 25 ans en donneraient une pour 294. Ce dernier terme atteint, on aurait pourvu complètement aux besoins de la population tout entière.

Le même calcul appliqué à la France, c'est-à-dire à une population de 30,000,000 d'individus, donne, en 20 ans, une bibliothèque pour 786 habitants, et en 25 ans une pour 441.

Aux États-Unis, dont la population est de 12,000,000 d'âmes, 20 ans donnent une bibliothèque pour 314 habitants, et 25 ans une bibliothèque pour 176.

Nous ne prétendons pas par là que tous les livres passassent par les mains de la population tout entière de chacun de ces pays. Là et partout ailleurs, malheureusement, il y a encore des milliers d'individus qui ne savent pas lire; et de plus, dans quelques cantons la population est si misérable et tellement éparpillée que, de quelque manière qu'on y distribuât les bibliothèques ambulantes, ce serait encore un bienfait stérile pour une partie des habitants. Mais si quelques districts ne se trouvaient pas à portée de profiter de cet avantage, il deviendrait d'autant plus grand pour les habitants des autres districts plus commodément situés, et rien ne serait perdu.

Si pourtant on ne voulait voir qu'une idée chimérique, une chose impossible, dans l'établissement d'une société qui n'aurait pour tout revenu annuel que 5,000 liv. sterl., nous rappellerons ce principe de reproduction dont nous avons déjà parlé, au moyen duquel une association ou un individu qui pourrait disposer pour cette œuvre de 50 liv. sterl. seulement chaque année serait en état de la faire marcher; et nous répéterons que l'emploi régulier et bien entendu de cette somme, dans un ou plusieurs comtés, suffirait pour les couvrir de bibliothèques, et cela dans un laps de temps assez court. En donnant connaissance de l'action progressive d'un de ces établissements monté sur une échelle restreinte, peut-être déterminerons-nous une société ou un particulier à en faire l'essai dans son voisinage; mais, sans exposer ici au long les calculs faits sur cette hypothèse, nous nous bornerons à en donner les résultats, pour les deux termes de 12 et de 25 années : au bout du premier terme, le revenu des bibliothèques, combiné avec la contribution fixe de 25 schellings, par an, formerait un fonds total de 180 liv. sterl. et on aurait 122 bibliothèques; et au bout du second terme, ou de 25 ans, on aurait un fonds de 795 liv. sterl. et 671 bibliothèques.

Nous avons déjà fait observer que pour l'ordinaire les bibliothèques fixes, après un certain temps, sont presque complètement abandonnées, et qu'il est rare qu'elles aient des lecteurs;

mais si les fondateurs de ces bibliothèques adoptaient le plan que nous leur avons déjà suggéré, qui serait de les transférer sur d'autres points de leur voisinage et d'en prêter les livres moyennant une petite rétribution, non-seulement ils renouvelleraient par là et augmenteraient l'utilité de ces livres, mais encore ils y trouveraient de quoi grossir leur propre fonds par quelques acquisitions. Mais il est essentiel, pour le succès de cette combinaison, que les livres ainsi envoyés ne soient pas les moins intéressants de la bibliothèque qui les fournit; il faut au contraire, pendant les premières années surtout, que le choix en soit assorti de manière qu'il y en ait pour tous les goûts et toutes les convenances de ceux à qui on les destine.

Il est à désirer qu'il se forme partout des associations de ce genre; les connaissances locales des fondateurs suffiront pour que chaque bibliothèque soit convenablement et judicieusement placée; et l'on ne saurait douter qu'ils ne trouvent partout un comité ou un agent disposé à se charger de la partie administrative, et à travailler avec zèle et énergie au succès de l'institution.

Dans les pays récemment habités ou peu peuplés, sans doute des difficultés plus ou moins grandes se rencontreront; mais enfin il est impossible qu'il ne s'y trouve pas quelque point central où les habitants se réunissent quelquefois, et où l'on pourrait établir des bibliothèques.

Ce n'est pas seulement aux petites villes et aux villages que conviendrait ce projet de bibliothèques ambulantes; les plus grandes villes pourraient aussi en tirer de précieux avantages. Si l'on plaçait de ces bibliothèques dans les principaux quartiers, il y a lieu de croire que beaucoup de gens de bien et de chefs de familles ne refuseraient pas une modique souscription, ne fût-elle que de cinq schellings, dans l'intérêt de leurs enfants, de leurs domestiques et de leurs voisins; en deux ou trois ans les frais du premier établissement se trouveraient couverts. Les petites bibliothèques pourraient ensuite être transportées successivement dans d'autres quartiers; on prêterait les livres, d'abord pour quelques centimes par volume, et enfin gratuitement.

IMPRIMERIE DE E. DUVERGER,
RUE DE VERNEUIL, 4.